BEI GRIN MACHT SICH IHR WISSEN BEZAHLT

- Wir veröffentlichen Ihre Hausarbeit,
  Bachelor- und Masterarbeit

- Ihr eigenes eBook und Buch -
  weltweit in allen wichtigen Shops

- Verdienen Sie an jedem Verkauf

Jetzt bei www.GRIN.com hochladen und kostenlos publizieren

Bibliografische Information der Deutschen Nationalbibliothek:

Die Deutsche Bibliothek verzeichnet diese Publikation in der Deutschen National-
bibliografie; detaillierte bibliografische Daten sind im Internet über http://dnb.d-
nb.de/ abrufbar.

Dieses Werk sowie alle darin enthaltenen einzelnen Beiträge und Abbildungen
sind urheberrechtlich geschützt. Jede Verwertung, die nicht ausdrücklich vom
Urheberrechtsschutz zugelassen ist, bedarf der vorherigen Zustimmung des Verla-
ges. Das gilt insbesondere für Vervielfältigungen, Bearbeitungen, Übersetzungen,
Mikroverfilmungen, Auswertungen durch Datenbanken und für die Einspeicherung
und Verarbeitung in elektronische Systeme. Alle Rechte, auch die des auszugsweisen
Nachdrucks, der fotomechanischen Wiedergabe (einschließlich Mikrokopie) sowie
der Auswertung durch Datenbanken oder ähnliche Einrichtungen, vorbehalten.

Impressum:

Copyright © 2015 GRIN Verlag, Open Publishing GmbH
Druck und Bindung: Books on Demand GmbH, Norderstedt Germany
ISBN: 978-3-656-97003-3

Dieses Buch bei GRIN:

http://www.grin.com/de/e-book/300554/martin-heidegger-angst-als-ausgezeichnete-
stimmung

Miriam Schroiff

Martin Heidegger. Angst als ausgezeichnete Stimmung

GRIN Verlag

GRIN - Your knowledge has value

Der GRIN Verlag publiziert seit 1998 wissenschaftliche Arbeiten von Studenten, Hochschullehrern und anderen Akademikern als eBook und gedrucktes Buch. Die Verlagswebsite www.grin.com ist die ideale Plattform zur Veröffentlichung von Hausarbeiten, Abschlussarbeiten, wissenschaftlichen Aufsätzen, Dissertationen und Fachbüchern.

Besuchen Sie uns im Internet:

http://www.grin.com/

http://www.facebook.com/grincom

http://www.twitter.com/grin_com

MA Miriam Schroiff

Martin Heidegger. Angst als ausgezeichnete Stimmung

Abstract

Stimmungen beeinflussen tagtäglich unser Leben. Martin Heidegger , einer der einflussreichsten Philosophen des 20. Jahrhunderts, beschäftigt sich in seinem Hauptwerk „Sein und Zeit" (1927) unter anderem mit Stimmungen beziehungsweise Befindlichkeiten. Dabei nimmt die Grundstimmung der Angst, als „ausgezeichnete Befindlichkeit", einen besonderen, existenzialen Stellenwert im Leben des Menschen ein. Meine Darlegung beschäftigt sich mit Heideggers aussergewöhnlicher Angst-Analyse, im Kontext von „Sein und Zeit" (SuZ). Die Hinführung zu diesem Thema bedarf zuvor der Klärung einiger grundlegender Denkfiguren des Philosophen.

Inhaltsverzeichnis

Drei wesentliche Denkfiguren Heideggers: Sein-Dasein-Seiendes

Die Grundbegriffe Sein, Dasein sowie Seiendes ziehen sich durch Heideggers gesamtes philosophisches Werk. Diese Denkfiguren zu verstehen ist eine notwendige Voraussetzung zur Würdigung von Heideggers Schaffen.

Seiendes: Seiendes ist all das, von dem wir sagen können, dass es ist oder sein kann. Auch Gedanken sind Seiendes, als Gegenstände des Verstandes.

Dasein: Mit dem Begriff Dasein ist sowohl der Mensch selbst, als auch sein jeweils eigener Lebensvollzug gemeint. Der Mensch ist natürlich auch Seiendes. Allerdings kommt dem Menschen ein besonderer Status zu: „Das Seiende, dem es in seinem Sein um dieses selbst geht, verhält sich zu seinem Sein als einer eigensten Möglichkeit. Dasein ist je seine Möglichkeit und es `hat` sie nicht nur noch eigenschaftlich als ein Vorhandenes." (S.u.Z., S. 42)

Der Mensch hat ein Seinsverhältnis und ein Seinsverständnis, denn im je eigenen Dasein ist Sein da (präsent).

Sein: Die Bedeutung, Begegnung, Erforschung sowie Bewahrung von Sein bestimmt Heideggers denkerisches Lebenswerk.

Im Verständnis des Philosophen ist Sein vor allem anderen kein Seiendes. Weder ist Sein, noch läßt es sich mit den Vokabeln des Gegenständlichen ansprechen. Dass Heidegger dennoch von dem Sein zu sprechen gezwungen ist beruht auf der sprachlichen Unzulänglichkeit das Unaussprechliche zu benennen. Sein waltet ursprünglich, alles-durchwirkend und über-rational. Über-rational, da Sein die Ratio erst ermöglicht und umgreift.

Sein, verstanden als Spielraum, in dem all das, was wirklich und möglich ist auftauchen kann. Seiendes zeigt sich im Lichte des Seins, wird in diesem Lichte als solches entborgen: „Das Seiende steht im Sein (...). Nur diese Lichtung schenkt und verbürgt uns Menschen einen Durchgang zum Seienden, das wir selbst nicht sind, und den Zugang zu dem Seienden, das wir selbst sind." (Heidegger, *Der Ursprung des Kunstwerkes*, 1992, S.50 f.)

Sein ist selbst kein Seiendes und nicht in der Welt vorfindbar. Stattdessen bewirkt Sein, dass Seiendes überhaupt sichtbar werden kann. Sein ist die Quelle alles Seienden.

Charakterisierung der Befindlichkeit

A. Die existenziale Konstitution des Da § 29. Das Da-sein als Befindlichkeit

Der Mensch erschließt sich selbst, sein Leben und die Welt mit Hilfe zweier grundlegender, zu seiner Struktur gehörender, Gaben:

- dem ursprünglichen Verstehen

- der Befindlichkeit (SuZ, §40, S. 184)

Befindlichkeit ist gleichbedeutend mit Stimmung. Der Mensch ist in jedem Augenblick seines Daseins in irgendeiner Weise gestimmt, und zwar vom ersten bis zum letzten Atemzug. Und auch die Ungestimmtheit ist „(...) so wenig nichts, dass gerade in ihr das Dasein ihm selbst überdrüssig wird. Das Sein ist als Last offenbar geworden." (SuZ, S. 134)

Die Befindlichkeit wird ontologisch (bezogen auf Sein) durch drei Bestimmungen charakterisiert:

„Die Befindlichkeit erschließt das Dasein in seiner Geworfenheit und zunächst und zumeist in der Weise der ausweichenden Abkehr." (SuZ, S. 136)

Durch seine Befindlichkeit/Gestimmtheit bleibt der Mensch sich und der Welt stets verhaftet. Solange er lebt, ist er als Fühlender, als ein so oder so Gestimmter in der Welt. In und durch seine Befindlichkeit steht der Mensch sich und der Welt gegenüber, jedoch nicht in reflektierter Weise. Stattdessen erlebt er sich fühlend als ein, in die Welt Eingebundener: „In der Befindlichkeit ist das Dasein immer schon vor es selbst gebracht, es hat sich immer schon gefunden, nicht als wahrnehmendes Sich-vor-finden, sondern als gestimmtes Sichbefinden."

(SuZ, S. 135)

Die Befindlichkeit lässt den Menschen spüren, dass er da ist, zeigt ihm sein pures da-sein in der Welt. Dieses anwesend sein und so oder so da sein müssen, also seine Geworfenheit, blickt dem Menschen in „unerbitterlicher Rätselhaftigkeit" entgegen. (SuZ, S. 136)

Und obwohl das grundsätzliche Gestimmtsein dem Menschen seine Geworfenheit in die Welt anzeigt, kehrt der Mensch sich durch seine je spezifischen Stimmungen im Alltagsleben von seiner Geworfenheit ab. (SuZ, vgl. S. 135)

Stimmungen zu haben gehört untrennbar zum In-der-Welt-sein. Stimmungen lassen sich weder ausdrücklich innerlich (seelisch) noch äußerlich (von anderen erzeugt) im Menschen lokalisieren: „Die Stimmung überfällt. Sie kommt weder von ˋAußenˋ noch von ˋInnenˋ, sondern steigt als Weise des In-der-Welt-seins aus diesem selbst auf. (SuZ, S. 137)

Mit Stimmungen sind nicht einzelne, spezielle Gefühle gemeint, wie zum Beispiel Zuneigung oder Wut. Stattdessen sollen Stimmungen als Gesamtgebilde verstanden werden, die sich nicht auf etwas oder jemand bestimmtes richten, sondern alles umgreifen. Sie steigen in Situationen auf, wie zum Beispiel in einem Fußballstadion.

Als Fühlwesen sind wir immer irgendwie gestimmt und nur auf der Basis dieses grundlegenden Gestimmtseins können wir spezifische Gefühle erleben, wie Freude, Trauer und Wut. Wir erschaffen dieses Gestimmtsein nicht in uns und es entsteht auch nicht erst, wenn wir schon eine Weile in der Welt sind. Es ist uns gegeben vom ersten Augenblick unserer Geburt an und dauert fort solange wir in der Welt sind, solange wir leben.

Die Befindlichkeit ist eine grundlegende Art der „(...) gleichursprünglichen Erschlossenheit von Welt, Mitdasein und Existenz, weil diese selbst wesenhaft In-der-Welt-sein ist." (SuZ, S. 137)

Auf Grundlage seiner Befindlichkeit erlebt sich der Mensch als ein, mit anderen Menschen und Mitgeschöpfen in der Welt existierender. So wie er selbst ist auch alles andere um ihn herum gleichzeitig mit ihm da.

„Die Gestimmtheit der Befindlichkeit (Grundlage für die Stimmungen, M.S.) konstituiert existenzial die Weltoffenheit des Daseins." (SuZ, S. 137)

Die Stimmung entdeckt erst die Welt, indem sie z.B. Bedrohliches oder Glücksspendendes in ihr vorfindet: „Ein reines Anschauen, und dränge es in die innersten Adern des Seins eines Vorhandenen, vermöchte nie so etwas zu entdecken wie Bedrohliches." (SuZ, S. 138)

Ohne seine Grundkonstitution als sinnlich Fühlender könnte sich der Mensch von den Phänomenen um ihn herum nicht anrühren lassen. So aber begleitet es alles von ihm wahrgenommene Seiende mit Affekten: *„Die Stimmung hat je schon das In-der-Welt-sein als Ganzes erschlossen und macht ein Sichrichten auf... allererst möglich."„* (SuZ, S. 137)

Geworfenheit und Verfallenheit

In die Welt geworfen und an das Man und die öffentliche Ausgelegtheit verfallen. Gewöhnlicherweise weicht der Mensch vor sich selbst aus. Dies tut er, indem er sich ausschließlich mit anderem, als er selbst ist, beschäftigt. Tagtäglich wendet er all seine Aufmerksamkeit dem ihn umgebenden Seienden zu. Sein Leben organisiert der Mensch auf Erhaltung und Sinn hin. Unaufhörlich begibt er sich in eine geistige, fühlende und handelnde Interaktion mit den Phänomenen seiner Welt.

Dass der Mensch alltäglich in der ausschließlichen Verhaftung an die Lebewesen und Dinge seiner Umgebung lebt, dass er sich selbst von diesen her versteht bzw. sich durch sie definiert, dies nennt Heidegger ein Leben im Modus der Verfallenheit: „ Der Titel, der keine negative Bewertung ausdrückt, soll bedeuten, das Dasein ist zunächst und zumeist bei der besorgten `Welt`. Dieses Aufgehen bei... hat meist den Charakter des Verlorenseins in die Öffentlichkeit des Man. Das Dasein ist von ihm selbst als eigentlichem Selbstseinkönnen zunächst immer schon abgefallen und an die `Welt` verfallen: „Das Verfallen ist eine existenziale Bestimmung des Daseins selbst (...)." (SuZ, §38, S. 176)

Furcht contra Angst

§ 30. Die Furcht als ein Modus der Befindlichkeit

Das Wovor der Furcht:

Die Furcht des Menschen bezieht sich stets auf innerweltlich Seiendes, sei es bestimmt oder unbestimmt. Der Mensch fürchtet sich vor etwas oder er fürchtet um jemanden: „Das *Wovor* der Furcht, das `Furchtbare`, ist jeweils ein innerweltlich Begegnendes von der Seinsart des Zuhandenen, des Vorhandenen oder des Mitdaseins (...) Das Wovor der Furcht hat den Charakter der Bedrohlichkeit." (Suz, S. 140)

Nur weil der Mensch die Fähigkeit hat sich zu fürchten, kann er sich bedroht fühlen; Bedroht durch ein nahendes, eingetretenes oder erwartetes Unheil: „Das Fürchten als schlummernde Möglichkeit des befindlichen in-der-Welt-seins, die `Furchtsamkeit` hat die Welt schon darauf hin erschlossen, dass aus ihr so etwas wie Furchtbares nahen kann." (SuZ, S. 141)

Das Worum der Furcht:

Der Mensch fürchtet um sich selbst, um sein Leben: „Nur Seiendes, dem es in seinem Sein um dieses selbst geht, kann sich fürchten." (SuZ, S. 141)

Alltäglich ist der Mensch damit beschäftigt für sich selbst und für andere zu sorgen, sich um sich selbst oder auch um andere zu sorgen. Der Lebensvollzug des Menschen ist durch die existenziale Sorge-Struktur gekennzeichnet: „Zumeist und zunächst *ist* das Dasein aus dem her, was es besorgt. Dessen Gefährdung ist Bedrohung des Seins bei." (SuZ, S. 141)

Angst als ausgezeichnete Grundbefindlichkeit

§ 40. Die Grundbefindlichkeit der Angst als eine ausgezeichnete Erschlossenheit des Daseins

Angst ist eine Grundbefindlichkeit und zugleich eine Seinsmöglichkeit des Menschen. In der Angst wird der Mensch durch sein je eigenes Sein vor sich selbst gebracht. Um zur Angst zu gelangen und durch sie zum Sein, *als der Ganzheit des Strukturganzen*, setzt Heidegger bei dem Phänomen des Verfallens an. Die alltägliche Orientierung des Menschen am *Man*, also an gesellschaftlich vorgegebenen Konventionen, Werten, Normen und Idealen sowie seine ausschließliche Hinwendung zum Seienden, das er nicht ist (an die besorgte Welt), zeigt eine Flucht des Menschen vor seinem eigentlichen Selbst-sein-können. In der Lebensweise der Verfallenheit flieht der Mensch vor sich selbst und davor, die Möglichkeiten zu wählen, durch die er zu sich selbst findet.

Zwar erlebt sich der Mensch alltäglich weder selbst als Fliehender, noch zeigt sich ihm das, wovor er flieht, nämlich vor sich selbst. Jedoch die „(...) existenziell-ontische Abkehr gibt auf Grund ihres Erschlossenheitscharakters phänomenal die Möglichkeit, existenzial-ontologisch das Wovor der Flucht als solches zu fassen." (SuZ, S. 185)

Die Flucht des Menschen vor sich selbst hat nicht den Charakter des „Furchtbaren", im Gegensatz zu dem Wovor der Flucht: „Die Bedrohung, die einzig `furchtbar` sein kann und die in der Furcht entdeckt wird kommt immer von innerweltlichem Seienden her." (SuZ, S. 185 f.)

In der Verfallenheit aber wendet der Mensch sich ja gerade dem Seienden explizit zu: *„Die Abkehr des Verfallens gründet vielmehr in der Angst, die ihrerseits Furcht erst möglich macht."* (SuZ, S.186)

6

So bedeutungsvoll und durchaus positiv bei Heidegger die Aufgabe der Angst auch ist, so sucht der Mensch die Angst jedoch keineswegs freiwillig auf. Vielmehr wird er von der Angst überwältigt und sie trägt ihn in die Unheimlichkeit, in das „Un-zuhause", in das „Nichts und Nirgens" seines Lebensvollzuges: "Die verfallende Flucht *in* das Zuhause der Öffentlichkeit ist Flucht *vor* dem Unzuhause, das heißt der Unheimlichkeit, die im Dasein als geworfenen, ihm selbst in seinem Sein überantworteten In-der-Welt-sein liegt

(...) Das beruhigt-vertraute In-der-Welt-sein ist ein Modus der Unheimlichkeit des Daseins, nicht umgekehrt. *Das Un-zuhause muss existenzial-ontologisch als das ursprünglichere Phänomen begriffen werden."* (SuZ, S. 189)

<u>Nichts</u> begegnet dem Menschen in seiner Angst.

Das Wovor der Angst:

Der Mensch hat Angst vor seinem „In-der-Welt-sein als solches", vor der Welt selbst. (SuZ. § 40, S.186f.)

Das Worum der Angst:

Der Mensch hat Angst um sein „ eigentliches In-der-Welt-sein-können"

(SuZ, § 40, S.187)

Angst als Möglichkeit zu Freiheit und Erkenntnis

Im profanan Verständnis ist Angst mit Enge und Unfreiheit konnotiert. Heidegger hingegen verknüpft Angst unmittelbar mit Freiheit (wenngleich mit einer eingeschränkten Form von Freiheit), nämlich mit dem „Freisein für die Freiheit des Sich-selbst-wählens und – ergreifens." (SuZ, § 40, S. 188)

Die Angst raubt dem Menschen Sicherheit und Vertrautheit und schenkt ihm dafür Erkenntnismöglichkeiten und Wahlmöglichkeiten: „Die Angst bringt das Dasein vor sein Freisein für (...) die Eigentlichkeit seines Seins als Möglichkeit, die es immer schon ist. Dieses Sein aber ist es zugleich, dem das Dasein als In-der-Welt-sein überantwortet ist." (SuZ, § 40, S. 188)

Unfrei, das heißt ausgeliefert und ohnmächtig, ist der Mensch insofern schon immer, als er mit seinem Leben in die Welt geworfen ist und dieser, solange er lebt, verhaftet bleibt.

Innerhalb dieser grundlegenden Unfreiheit ist das Dasein jedoch frei, insofern als es jederzeit vor vielfältigen Möglichkeiten der Selbst- und Lebensgestaltung steht.

Insbesondere durch die Angst wird dem Menschen die Chance zu einer selbstbestimmten Richtungswahl gegeben. Die Angststimmung ermöglicht dem Menschen die „Wahl der Wahl", das heißt er kann aktiv und selbstbestimmt entscheiden, welchen Bezug er zu sich selbst und zu seinem Leben einnehmen will, auf Grundlage der Vereinzelungserfahrung. Und er wird bei seiner Entscheidung nicht durch die „Öffentlichkeit des Man" fremdgesteuert.

Die Angst reißt den Menschen aus seiner verfallenen Selbstflucht heraus und wirft ihn auf sich selbst zurück: „Diese Vereinzelung holt das Dasein aus seinem Verfallen zurück und macht ihm Eigentlichkeit und Uneigentlichkeit als Möglichkeiten seines Seins offenbar. Diese Grundmöglichkeiten des Daseins, das je meines ist, zeigen sich in der Angst (...)" (SuZ, § 40, S. 191)

Quellen

M. Heidegger, "Sein und Zeit", 1976, Max Niemeyer Verl. Tübingen.

M. Heidegger, „Der Ursprung des Kunstwerkes", 1992, Reclam-Velag, Stuttgart.